Marcus C. Leitschuh
Paulus Terwitte
Klaus Vellguth (Hg.)

Play&Pray

Play&Pray

In Zusammenarbeit mit:

KEIN KRIEG MIT KINDERN

Play&Pray

Das Jugendgebetbuch
zur Fußball-WM 2006

Herausgegeben von
Marcus C. Leitschuh,
Paulus Terwitte
und Klaus Vellguth

Verlag Butzon & Bercker Kevelaer

Play&Pray

Bibliografische Information Der Deutschen Bibliothek

Die Deutsche Bibliothek verzeichnet diese Publikation in der
Deutschen Nationalbibliografie; detaillierte bibliografische
Daten sind im Internet über http://dnb.ddb.de abrufbar.

ISBN-13: 978-3-7666-**0689-1**
ISBN-10: 3-7666-**0689-1**

2. Auflage 2006

© **2005** Verlag Butzon & Bercker D-47623 Kevelaer
Alle Rechte vorbehalten
Umschlaggestaltung: Christoph Kemkes, Geldern
Satz: Schröder Media GbR, Dernbach
Druck und Bindung: cpi books Clausen & Bosse, Leck

Inhalt

Vorwort

Die Fußball-WM 2006 ist mehr als Sport. Sie bewegt Spieler und Fans und spornt Menschen an, sich **mit ganzer Kraft** für eine Sache einzusetzen. Die Texte in diesem Buch sind ein sportlich-religiöser Doppelpass. Sie zeigen, dass Spiel und Ernst dicht beieinander liegen: Fouls gibt es auch im Alltag, einen Fehlschuss in der Ausbildung und kalte Auswechslung im Freundeskreis. Die Texte betreffen das ganze Leben. Und das dauert **länger als 90 Minuten**. Für den Spielfluss ist Training nötig: Beten ist das beste Übungsfeld für die Seele. Es lehrt die Hoffnung, dass nach dem Abpfiff bei Gott nicht die Punkte allein zählen. Gott ist es wichtiger, dass man sich nach allen Regeln des Lebensspiels eingesetzt hat.

Ich wünsche uns, dass dieses Buch dazu beiträgt, den Glauben als „Volltreffer" zu erleben.

_ *Jugendbischof Franz-Josef Bode*

Kein Sieg ohne Übung

Training

Alles braucht seine Vorbereitung.

Lass mich am Ball bleiben, Gott.

Nicht den Anschluss an dich verlieren.

Immer im **Kontakt** mit dir.

Dann kann ich mit dir stürmen.

Dem Tor, dem Ziel meines Lebens entgegen.

Dann lasse ich alle Abwehrspieler hinter mir,

durchdringe jede **Mauer** zwischen dir

und mir.

Setze an zum Schuss.

Kraftvoll und zielsicher.

Schuss! Und **Tor!!**

__ *Marcus C. Leitschuh*

Segen

Der Herr lasse das **Spiel deines Lebens** gelingen!
Er **segne** das Zusammenspiel
mit den Menschen,
mit denen du lebst!
Er **begleite** dich auf deinem
Weg zum **Ziel** und lenke
deine Schritte zum Guten!
So segne dich Gott,
der Vater,
der Sohn
und der Heilige Geist!
Amen.

___ *Alexander Behrend, ev. Pfarrer*

Gott, ich will dein Spieler sein.

Wenn Beckenbauer Jesus zum Teamchef machen würde ...

Auch wenn es eine rein spekulative Fragestellung ist, wäre es spannend zu erleben, wie die Fußballwelt einen **Jesus** als Teamchef aufnehmen würde. Denn das Training technischer **Fouls**, wie es in einigen Vereinen leider üblich ist, würde er nicht zulassen. Auch würde er die Coachzone mehr als einmal **verlassen**, um manches **gerade zu rücken**.

__ *Pfarrer Hans-Gerd Schütt*
Bundesbeirat des katholischen
Sportverbandes DJK,
Sportbeauftragter der Deutschen
Bischofskonferenz

Kevin Kuranyi

FC Schalke 04

Geburtstag:	02.03.1982
Geburtsort:	Rio de Janeiro (Brasilien)
Größe:	190 cm
Gewicht:	80 kg
Bisherige Vereine:	VfB Stuttgart, Sporting Panama Serrano FC

Play&Pray

? *Was macht dich am glücklichsten beim Fußballspielen?*

Tore schießen – das ist mein Job – und natürlich: **Siege!**

? *Wie hilft dir dein Glaube an Gott als Fußballer?*

Bei den vielen Dingen, die man noch lernen kann, gibt mir der *Glaube eine Mitte. Gott gibt mir Ruhe.*
Aber er reizt mich auch,
immer am Ball zu bleiben.

? *Welche Bibelstelle gefällt dir gut?*

Allein bei Gott werde ich ruhig. Und so hilft er mir.
Nach Psalm 62,2

? *Was ist dein Tipp für junge Fußballer?*

Jeder hat beim Fußball seine Stärken und Schwächen. **Heraus**zu**finden**, wo der **Platz** eines Einzelnen **ist**, ist nicht immer leicht, aber es ist sehr menschlich, denn keiner kann alles.

Liebe ist eine Bundesliga

Ein Bund, der Herzen verbindet.
Ein **unsichtbares** Band, das Grenzen überschreitet.
In Liebe Menschen einander nahe bringen.
Verbundenheit

Ein gemeinsames Ziel suchen.
Ein **erhabenes** Banner für das Spiel des Lebens.
In Liebe würdige Bindungen pflegen.
Fair Play

Vielfalt, die Einigkeit verlangt.
Einheit, die auf **verschiedene** Wege hinweist.
In Liebe Ergänzung anbieten.
Gemeinschaft

Liebe: eine Bundesliga
Liebe: verbunden spielen
Liebe: gebunden bleiben
Liebesbündnis

__ *P. Patricio Ilabaca*

Wir müssen zusammenhalten

Beim Fußball ist das die wichtigste Regel: Nichts geht ohne die anderen, wir müssen zusammenhalten und **an uns glauben**. Allein sind wir **eine Null**. Wir brauchen uns gegenseitig: Der eine passt zum anderen, der andere passt zum nächsten ...

Und – Tor!!!

Wir haben zusammen**gehalten** – oder du, Gott, hast uns zusammengehalten – wir haben uns gegenseitig **gestützt**, wir waren eine Supergruppe in deinem Namen, denn das Wort „Ich" gab es nicht, nur das Wort „Wir".

_ Anne Mohr

Spielball

Du gibst
mir
alle Freunde.

Nie spiel
ich
allein.

Du gibst
mir
alle Chancen.

Jede will
ich
prüfen.

Du gibst
mir
alle Tränen.

Keine will
ich
verdrücken.

Du gibst
mir alle
Möglichkeiten.

Ich bringe
manche
ins Spiel.

Du gibst
dich
mir selber.

Ich spiele
allein
für dich.

__ *Bruder Paulus Terwitte*

Kein Sieg ohne Übung

Play&Pray

Wolfgang Huber
*Ratsvorsitzender der
Evangelischen Kirche in
Deutschland und Bischof
der Evangelischen Kirche
in Berlin-Brandenburg*

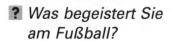 **?** *Was begeistert Sie
am Fußball?*

Einfach alles: Doppelpässe, überraschende Kurzpassspiele, gelungene Dribblings, dynamische Tacklings, mit Effekt geschnittene Freistöße, blitzschnell vorgetragene Konter, Tor-

wartparaden, wuchtige Kopfballstöße, aber auch das Vergeben hundertprozentiger Torchancen, all das in unsteter Abfolge und ganze neunzig Minuten lang, diese Dynamik begeistert mich. Mehr noch: **Das geübte Zusammenspiel von individuellen Fähigkeiten ergibt eine Mannschaftsgeschlossenheit. Es ist immer alles möglich.**

? *Was ist für Sie ein „Foul" im Alltag?*

Ein Foul hindert einen anderen Spieler am erfolgreichen Weiterspiel. Es trifft einen Einzelnen, schadet aber der ganzen Mannschaft. Wer foult, verursacht Schmerzen.

Wer foult, nimmt um des eigenen Vorteils willen die Verletzung eines anderen in Kauf.

Im Fußball wird ein Foul sofort geahndet. Im tatsächlichen Leben ist dies nicht immer der Fall. Aber es gibt **Regeln** für unser Zusammenspiel: z. B. die **Zehn Gebote** (Deuteronomium 5,6–21). *Wer gegen sie verstößt, begeht ein grobes Foulspiel, denn er schadet anderen zu seinem eigenen Vorteil.*

 |21

? *Wo hilft Ihnen Ihr Glaube an Gott im Leben?*

Der Glaube an Jesus **Christus hält mein Leben** in Zeiten der Stärke und der Schwäche in einer wohltuenden Balance. Er hilft mir auf, wenn ich keinen Ausweg mehr sehe und am Boden bin, und er hält mich auf demselben, wenn ich in Gefahr bin abzuheben, weil ich von Erfolg zu Erfolg eile.

Gott tut meinem Leben gut, weil ich weiß, dass er mich hält. Er tut mir gut, weil er es ist, der mich mit so vielen Gaben beschenkt hat. Vor ihn bringe ich im Gebet die Dinge, die mir im Leben wichtig sind. Das hilft. Bei jeder Entscheidung, die zu treffen ist, erfahre ich durch ihn eine große Hilfe.

? Welche Bibelstelle ist Ihnen wichtig?

Lukas, 5. Petrus hat die ganze Nacht gefischt. Er ist Profi. Er weiß, wann er Fische fangen kann und wann nicht. **Mit leeren Händen** kommt er nach einer durchfischten Nacht nach Hause. Er ist **frustriert und niedergeschlagen**. Da tritt Jesus zu ihm und fordert ihn auf, noch einmal hinauszufahren. Petrus zögert kurz, sagt dann: „Auf dein Wort hin ich die Netze noch einmal auswerfen!" Gegen alle seine Erfahrungswerte fährt er noch einmal auf den See. Er versucht es von neuem, weil er Jesus Vertrauen entgegenbringt. Mit übervollen Netzen kommt er zurück.

Ich wünsche mir, dass wir immer wieder neu auf Jesus Christus vertrauen, auf sein Wort hören und an ihn glauben. Gott wird dieses **Vertrauen**, unseren **Glauben** an ihn, nicht unbeantwortet lassen. Im Gegenteil, er gibt uns täglich **Hoffnung** und **Leben in Fülle**.

Ein gutes Team

Werden wir beim nächsten Spiel Glück haben oder werden wir etwas auf die Mütze kriegen? Lohnt es sich anzutreten, oder sollten wir lieber zu Hause bleiben?

Ich weiß, dass ich nicht der beste Torwart, Verteidiger, Mittelstratege oder Knipser bin, aber ich weiß, ich bin gut, wenn ich der Mannschaft helfe.

Und wir beide, **Gott?** Du und ich? Sind wir beide **zusammen** auch ein gutes Team?

_ *Justin Ragotzki*

_ *Markus 9, 24*

Ich glaube; hilf meinem Unglauben!

Kein Spaß ohne Ernst

Vor dem Spiel

Alle brauchen Konzentration.

Wir **marschieren** auf den Rasen.
Mit uns die **gegnerische** Mannschaft.
Seite an Seite, dann jeder gegen jeden.
Zwei Teams – beide ein Ziel: den Sieg.

Gott der Freude,
Gott der Lebenslust:

Hilf mir, dass ich mich nach meinen Kräften für unsere Mannschaft einsetzen kann.
Schenke mir aber auch die Kraft, **fair** zu spielen und anderen die **Chancen** zu lassen, die sie verdient haben.

__ *Marcus C. Leitschuh*

Segne dieses Spiel

Segne die *Spieler!*
Schenk ihnen Leidenschaft,
Spielfreude und Konzentration,
bewahre sie vor dem falschen Ehrgeiz,
der im anderen keinen sportlichen Gegner,
sondern einen Feind sieht.

Segne die *Trainer!*
Lass sie erleben, dass ihre Arbeit
die Mannschaft beflügelt und motiviert.
Nimm ihnen jene Verbissenheit,
die aus Spielen plötzlich Schlachten
und aus einem Wettkampf
eine Schicksalsfrage macht.

Segne die *Schiedsrichter!*
Hilf ihnen, das Spiel fair,
neutral und kompetent zu begleiten.
Gib ihnen die Klugheit,
im rechten Moment das Rechte zu tun
und in den Spielern Freunde zu sehen.

 |26

Segne die *Fans!*
Feiere mit ihnen ein rauschendes Fest,
in dem Freude und Begeisterung wachsen.
Zeig ihnen, wie sie jubeln können,
ohne dabei sich und ihre eigenen Sehnsüchte
in der Hingabe zu verlieren.

Segne die *vielen,*
die man auf dem Bildschirm selten sieht:
Ordner, Räumer, Verkäuferinnen,
Pressevertreter und Parkplatzwächter,
all die vielen, die heute arbeiten.
Lass sie Teil des großen Spiels sein
und ihre Aufgaben fröhlich erfüllen.

Segne *dieses Spiel* vom Anpfiff bis zum Abpfiff.
Bewahre unsere Herzen und Sinne
in deiner Gegenwart.
Denn du willst bei uns sein. Amen.

_ *Fabian Vogt*

Das Spiel unseres Lebens

Viele hoffen, dass Deutschland Weltmeister werden möge! Wir fiebern mit – und für manche ist Fußball wenigstens heute tatsächlich ihr Leben. Wir genießen es, dass wir gemeinsam etwas höchst **Unwichtiges** spielerisch **wichtig nehmen.**

Schenk du, dass unser Spiel gelingt: das Spiel unseres Lebens mit seinen **Höhen** und **Tiefen, Siegen** und **Niederlagen,** das Spiel, das wir miteinander spielen, an unseren Orten und in unseren Gemeinden.

Guter Gott, dir sei Ehre in Ewigkeit. Amen.

_ *Alexander Behrend, ev. Pfarrer*

Mannschaftsaufstellung

Egal, wenn *du* nur auf der Ersatzbank sitzt:
Du stehst in Gottes Mannschafts-Aufstellung.
Gott kennt *dich* mit Namen!
Was Gott weiß,
das vergisst er nicht.
Deshalb bist *du*
bei ihm *wertvoll*,
und das **auf ewig**.
Gut Spiel –
für das Reich Gottes!

_ *Alexander Behrend,
ev. Pfarrer*

_ *Psalm 18,20*

*Er führt mich
hinaus ins
Weite.*

Spiel-Verlauf

wenn **ich**
zu mir komme
und alles um mich herum
loslasse

wenn der Lärm
verhallt
und die Gedanken
nicht mehr kreisen

wenn **ich** aus dem Reden
ins Schweigen komme
und *höre*

wenn **ich** aus dem Tun
ins Sein komme
und *einfach da bin*

wenn **ich**
mich stelle
und nicht länger
flüchte

dann erst kann Gott
ins Spiel kommen
bei mir
durch mich
zu meinen Mit-Spielern

dann erst wird Gott zum
Spiel-Führer,
Spiel-Macher,
der maßgeblich den
Spiel-Verlauf
bestimmt

_ *Markus Winter*

_ *Psalm 119,107*

*Durch dein Wort
belebe mich.*

Gib mir Kraft und Ausdauer

Gott, oft stehe ich im **Abseits**, ohne Hoffnung und ohne Mitspieler. Die Welt scheint nur aus **Niederlagen, roten Karten** und **Auswechslungen** zu bestehen.

Hilf mir, zur rechten Zeit am richtigen Platz im Spielfeld meines Lebens zu stehen und ein fairer Mitspieler zu sein.

Gib mir Kraft und Ausdauer, mich immer neu meinen Gegnern zu stellen und auch nach Niederlagen **hoffnungsvoll** das nächste Spiel zu bestreiten.

Hilf mir, ein Spieler in einem Superteam zu werden, in dem ich für andere und andere für mich wichtig sind.

Ich bin **nicht allein** im Stadion meines Lebens – es gibt Mannschaftskollegen und Zuschauer, auf die ich bauen kann.

Danke, lieber Gott.

_ *Anna Hollekamp*

Be-weg-ung – Ziellos?

bewegen
sich **bewegen**
den Weg **begehen**
sich auf den Weg zum Ziel begeben
– das heißt bewegen

um die ganze Welt
haben sich Menschen
bewegt in deinem Namen Gott
sind **gegangen, gepilgert**
– und du warst das Ziel

und heute
alle Welt bewegt sich heute
wir **spielen, laufen, rennen,**
gewinnen und verlieren dabei
– und **wo** liegt das **Ziel**

__ *Thomas Schied*

Dem Evangelium ein Gesicht geben

Auftakt der Bundesligarunde. Volles Stadion am Freitagabend, Interviews, Kameraschwenks in Fülle. Da verweilt die Kamera bei einer Fangruppe der Bayern. Sie pickt sich ein Mädchen heraus. Sein Gesicht ist ganz und gar mit dem Bayern-Emblem bemalt. Ein totales **Bekenntnis** zu diesem Club, *__Identifikation__* mit ihm. Es hat den Bayern sein Gesicht gegeben.

Gesicht! An einem Gesicht können wir viel ablesen und erkennen, auch wenn es nicht geschminkt ist: *Angst oder Angabe, Zorn oder Gleichgültigkeit, Leid, Schmerz, Trauer; Ernst, Ergriffenheit oder Enttäuschung.* Ein Gesicht kann Freude, Glück und Dankbarkeit, kann Glaube, Hoffnung und Liebe ausdrücken. Unser Gesicht ist *__Spiegel__* der Seele, ja, es sagt etwas über den ganzen Menschen.

Wenn ich dem Evangelium ein Gesicht, mein Gesicht geben will, muss ich mir das Gesicht Christi anschauen und einprägen. Das Gesicht des 12-jährigen Jesus z. B., der im Tempel über den Sinn des Lebens nachdenkt. Das Gesicht Jesu, der sich demjenigen zuwendet, der ihn fragt: „Meister, was muss ich tun, um ewiges, volles Leben zu gewinnen?" Jesus nimmt sich Zeit für ihn, hört ihm zu, gibt ihm einen

Rat. **Dem Evangelium ein Gesicht geben.** *Dein, euer, mein Gesicht ist gesucht; Hände und Füße auch.*

Denkt immer wieder einmal daran, wenn ihr vor dem Spiegel steht: *Ihr sollt dem Evangelium, Jesus Christus, euer Gesicht geben.*

__ *Johannes Kapp, Weihbischof im Bistum Fulda*

Aufmerksamkeit für alle

Es gibt die 1. Bundesliga, die 2. Bundesliga und die Regionalliga. Die 1. Bundesliga kennt eigentlich jeder. Mit der 2. Bundesliga steht es da schon etwas anders. Die Regionalliga wird nur noch wenig beachtet.

So ist das auch mit der Dritten Welt. Manchmal sieht man in Zeitungen Bilder von hungernden Kindern, aber wir registrieren sie kaum. Genauso sind beim Fußball die gefallenen Tore nur bei der 1. Liga interessant. Wenn sich mehr Menschen für die Dritte Welt interessierten, müsste vielleicht bald niemand mehr hungern.

Jeder Mensch ist **gleich wichtig**, egal, ob Amateur- oder Profiliga, die „Erste" oder Dritte Welt.

Jeder sollte die gleiche Aufmerksamkeit bekommen

– ohne Wenn und Aber.

_ *Esther Brohl*

Viele Male muss man sich *nach vorne* wagen mit Intelligenz, Bestimmtheit und Geschick.

__ *Papst Pius XII., 1956 zum Fußballclub Athletico Bilbao*

_ Psalm 123,1

Ich erhebe meine Augen zu dir.

2. Jahrgang | Ausgabe 3/2005   Deutschland: € 1,– | Österreich: € 1,– | Schweiz: sfr 1,75

Countdown
Das FIFA WM 2006™-Magazin

FIFA WM 2006
DEUTSCHLAND

Der Glaube an Gott ist enorm wichtig und **gibt** uns **Kraft, Halt** und **Orientierung**.

_ Jürgen Klinsmann

Nur hier:
Heft im Heft!

alle Teams
le Spiele
Stadien

ions

Kein Spiel ohne Ordnung

Anpfiff

Alle haben ihren Platz.

Gott – lass uns ein **Ziel** finden.
Ein Tor ist so etwas wie ein **Ziel**.
Jeder soll irgendwo seinen Platz finden.
Man kann **gewinnen** oder **verlieren**
– es ist wie beim Fußball.
Gott – gib uns die Kraft, zu gewinnen
und **unser Leben** zu **meistern**.
Amen.

__ *Lucas Adryjanksi*

Abseitsfalle

Ich stelle mich manchmal selbst ins Abseits. Lasse alle hinter mir, höre nicht auf Warnungen. Renne einfach los. Stürme nach vorne. Gebote, Verbote, Hinweise. Ganz egal, Hauptsache, ich bin vorne dabei. Lasse mich anspielen mit Erwartungen und Anforderungen, obwohl ich weiß, dass ich hier eigentlich nicht stehen darf.

Das Spicken bei der Klassenarbeit. Die Lügen über den neuen Mitschüler. Das Gerede über die Lehrerin. Wenn ich dann ein Tor schieße, wird es für ungültig erklärt. Der Jubel kann nicht darüber hinwegtäuschen, dass ich es hätte besser wissen können. **Abseitsfalle**.

Wie da **rauskommen**? Zurückrennen. Wieder mit den anderen im *Team* spielen, als Mannschaft. *Gemeinsam* zum *Ziel. Gemeinsam, nicht einsam*.

_ *Marcus C. Leitschuh*

Gott im „Stadion leben"

Spieler oder **Schiedsrichter?**
Manager oder **Trainer?**
Funktionär oder **Fan?**
Reporter oder **Zuschauer?**

Wo wärest du eher zu finden
im „Stadion Leben"?

Ich ahne:
Im Spieler ist dein Versteck,
auch wenn du alles sein könntest.
Im Spieler,
weil du Freude hast
am Spiel des Lebens,
und das aktiv,
nicht nur auf der Tribüne.

_ *Fredi Bernatz*

Kein Spiel ohne Ordnung

Play&Pray

Psalm 23 für Sportler

Der Herr ist mein Schiedsrichter.
Er fällt kein falsches Urteil über mich.
Er kennt mich,
besser als ich mich selbst.
Er durchschaut mich
und weiß, wie ich es wirklich meine.

Wenn ich enttäuscht bin,
richtet er mich auf.
Wenn ein Sieg mich überschäumen lässt,
zeigt er mir das rechte Maß.
In Dunkelheit ist er mir Licht.
In der Hitze ein kühlender Schatten.

Vor dem Spiel ist er meine Gelassenheit.
Nach dem Wettkampf meine Ruhe.
Es fehlt mir an nichts,
weil ich ihm vertrauen darf.
Mein Leben ist in
seiner Hand,
was immer auch
geschieht.

_ Psalm 119, 143

*Deine Gebote
machen mich
froh.*

Der Herr ist mein Trainer,
ich werde nicht versagen.
Er bleibt an meiner Seite,
wenn alle mich verlassen.
Er ist mein Halt,
wenn alle Sicherheiten
wegbrechen.
Seine Zuwendung
ist mir gewiss
für **alle Zeit**.

_ *Roland Breitenbach*

Abseits

Guter Gott,
ich fühle mich im **Abseits**,
wenn ich allein gelassen
    werde,
wenn mein bester Freund
    mich *belügt*,
wenn in der Schule über mich
    gelästert wird,
wenn ich den anderen *egal
    bin*,
wenn keiner meine Ideen
    hören will,
wenn ich einen *schlechten
    Tag* habe,
wenn ich mich mit jemandem
    streite.

Hilf mir,
niemanden im Abseits stehen
zu lassen!

*__ Klasse 6b der Adalbert-Stifter
Realschule, Heidenheim/Brenz*

 |44

Tore – Ziele im Leben!?

Tore im Fußball schießen, Spiele gewinnen, **Fußballmeister** werden – das sind *tolle Ziele*. Aber es sind nicht die wichtigsten Ziele im Leben.

Paulus, ein Mann, der auch große Ziele hatte und hart gearbeitet hat, hat vor fast 2000 Jahren geschrieben: „Alles wird untergehen. Aber was bleibt, sind `Glaube, Hoffnung und Liebe`. Die Liebe aber ist das Größte. Lasst die Liebe euer `höchstes Ziel` sein!"

__ *Pfarrer Thomas Günzel, Leipzig*

Bastian Schweinsteiger

FC Bayern München

Geburtstag:	01.08.1984
Geburtsort:	Kolbermoor
Größe:	181 cm
Gewicht:	77 kg
Bisherige Vereine:	FV Oberaudorf (1990–92) TSV 1860 Rosen-heim (1992–98)

Kein Spiel ohne Ordnung

Play&Pray

? *Was macht dich am glücklichsten beim Fußballspielen?*

Guter **Teamgeist**, der einen in Sieg und Niederlage trägt.

? *Wie hilft dir dein Glaube an Gott als Fußballer?*

Ich glaube einfach, dass **Gott mit im Spiel** meines Lebens ist.

? *Welche Bibelstelle gefällt dir gut?*

Gott hat den Himmel erschaffen und die Erde geformt. Er erhält sie. Sie soll nicht eine Wüste werden, sondern er hat sie zum Wohnen gemacht. Dieser Gott spricht: **Ich allein bin der Herr und sonst keiner.**

Nach Jesaja 45,18

? *Was ist dein Tipp für junge Fußballer?*

Karriere machen ist zwar schön, aber kein Ziel. Dein bestes **Ziel** sollte es sein, deine **Fähigkeiten** genau zu **kennen**, sie so **einzusetzen**, dass es stets der **Mannschaft dient**.

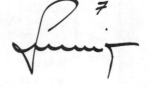

Fußball ist unser Leben

Gleicht unser Leben nicht auch einem Spiel um **Sieg** und *Niederlage*? Jeder von uns hat seinen Platz in der Arena dieser Welt. Als Teamchef hat Gott jedem von uns seine Position zugewiesen.

Entscheidend ist nicht, wo, sondern wie wir unseren Mann stehen. Entscheidend ist auch nicht, ob wir in der Defensive oder Offensive spielen. Es kommt darauf an, ob wir mit allen Kräften sind, was wir sein sollten: Mitspieler, die ihr Bestes geben und das Spielgeschehen beeinflussen, mannschaftlich kämpfen und dem Guten zum Sieg verhelfen.

Oft bleiben wir an der Seitenlinie stehen und kritisieren überheblich – mit beiden Händen in der Tasche – die Anstrengung der anderen. Christen dürfen keine Statisten in der Auseinandersetzung mit anders denkenden Herausforderern sein, sie dürfen sich nicht mit der Zuschauerrolle abfinden.

Christen mit Herz sind die besten Aushängeschilder für den Gott, der in Jesus Christus aller Menschen Bruder und Mitspieler wurde. Sich in der **Liebe zum Menschen** von niemand übertreffen zu lassen, müsste für Christen die Losung im Ringen um den endgültigen Sieg sein! Es wird gelingen, wenn **Gott** „Regie" führt.

__ *Alois Schröder*
Kolping-Bundespräses

_ Psalm 119,117

Gib mir Halt!

Karl Kardinal Lehmann
Bischof von Mainz
Vorsitzender der Deutschen Bischofs-
konferenz

? *Was begeistert Sie am Fußball?*

Dem Fußball bin ich schon lange verbunden. Im Weltmeisterschaftsjahr 1954 habe ich als 18-Jähriger im Turnverein Veringenstadt Fußball gespielt. Da konnte ich gute Kontakte knüpfen. **Mannschaftsgeist** und **Zusammengehörigkeit** sind Qualitätskennzeichen eines guten Sportvereins. Gerade in den kirchlichen Sportvereinen, der DJK, spüren wir dies. Wenn ich etwa auch an Mainz 05 denke, dann ist der Fußball ungeheuer **spannend** und **mitreißend**, **sympathisch** und **jugendlich-frisch**.

Im Auf und Ab der Gefühle, die gerade auch beim Fußball sehr dicht beieinander liegen, tut ein **fester Halt** gut. Diesen gibt es nur bei **Gott** selbst.

? *Was ist für Sie ein „Foul" im Alltag?*

Ich verabscheue Rücksichtslosigkeit und Falschheit bei Menschen.

? *Wo hilft Ihnen Ihr Glaube an Gott im Leben?*

Besonders in Grenzsituationen, wenn ein Mensch stirbt oder ernsthaft krank ist, wenn ich von schweren Schicksalsschlägen und Ungerechtigkeiten erfahre oder selbst davon betroffen bin. Wenn ich glückliche Beziehungen sehe oder gelungene Freundschaften erlebe, stellt sich mir die Frage: Warum? Nicht nur im Leid, sondern auch in der Freude: Warum muss ich, warum darf ich dies oder jenes empfangen? – Der Glaube ist eine gute Antwort, mehr als eine schnelle Vertröstung.

Der Glaube ist für alle Situationen des Lebens und Sterbens ein fester Halt und Boden, den man freilich immer wieder **vertiefen** und **neu gewinnen** muss.

? *Welche Bibelstelle ist Ihnen wichtig?*

Das Leitwort meines bischöflichen Wirkens: „Steht fest im Glauben!" (1 Korinther 16,13). Das **verlangt Mut** zum öffentlichen Bekenntnis und die Kraft, *keine faulen Kompromisse* einzugehen.

Profi

Guter Gott, gib uns Menschen die Gabe, andere besser zu verstehen und Frieden zu stiften. Lass uns nie vergessen, dass ein richtiger `Profi` nicht derjenige ist, der seine kleinen Begabungen groß in die Welt schreit, sondern derjenige, der kleine gute Taten `jeden Tag` vollbringt. Gott, lass mich so ein `Profi` sein! Amen.

__ *Julia Ludian*

Es gibt keinen Fußball-Gott,
sondern nur den einen **Gott im Himmel**,
und der weiß genau,
was er macht.

__ *Gerald Asamoah*

Torwart

Im **Fußball** benötigen wir jemanden,
der den Torbereich beschützt und bewacht.
Dafür gibt es den **Torwart**.

Im realen **Leben** benötigen wir jemanden,
der uns beschützt und bewacht.
Dafür gibt es **Gott**.

__ *Christian Dicks*

*Herr, dein Wille
geschehe!*

Keine Spannung
ohne Entspannung

Halbzeit

Alle brauchen eine Pause.

Ball nach vorn! **Weiter! Weiter!**
Abgeben. –
Noch ein Schuss!
Das darf doch nicht wahr sein:
„Blackout. – Wie konnte das passieren?
Ein Eigentor!"

Vor lauter Hektik und Panik und Stress
verliere ich mein **Ziel** aus den Augen,
komme ich ab von meinem Weg,
verliere ich **Gott** aus den Augen.

Manchmal wird das Spielfeld meines Lebens
unübersichtlich, chaotisch.
Dann sollte ich **innehalten**,
zur **Ruhe kommen**,
mich auf das Wesentliche konzentrieren:

Auf das, was Gott mir sagen möchte.

__ *Steffen Flicker*

Halbzeit – Zeit für mich

Die Halbzeit ist für mich die Zeit, in der ich zur Ruhe und zur Besinnung kommen kann. Dann denke ich über vieles nach. Z. B. darüber, was ich in meinem Leben oder in einer konkreten Situation falsch gemacht habe. Ich kann überlegen, wie ich die Sache besser oder wieder gutmachen kann. Die Halbzeit gibt mir die Hoffnung, dass es noch **nicht zu spät** ist, um etwas zu ändern. Ich bekomme nochmals Zeit.

_ *Thomas Werkes*

Dribbeln

Man **dribbelt** sich durchs Leben. Man **weicht** Gegnern oder Dingen, die man nicht mag, aus. Du kannst nicht immer geradeaus zum Ziel **lossprinten**. Ab und zu muss man **ausweichen** oder Mitspieler **anpassen**. Ohne mal den Ball **abzugeben**, erreicht man nie das **Ziel**.

_ *Max Kistner-Bahr*

Guter Gott,
du hast mich als Menschen erschaffen,
du bist es, der mir *Kraft* und *Stärke* gibt.

Wie viele andere Menschen schaue ich
auf die Kraft und Schnelligkeit der Sportler.
Ich staune und freue mich daran.
Ich spüre aber auch, dass das nicht alles ist.

Hilf mir,
dass meine **Freude** dir gilt,
dass ich dir danken kann für meine Kräfte und
Stärken,
dass ich an dich **glauben** und dir **vertrauen**
kann.

Du hast mich als Menschen geschaffen.
Du bist es, der mir *Kraft* und *Stärke* gibt.
Amen.

__ *Bruder Achim Gimbel*

Tor

Man kann **nicht immer** ein Tor schießen, aber das heißt nicht, dass ich dir, Gott,
nicht mehr vertrauen kann. Man kann nicht
immer **alles erreichen**,
was man sich wünscht. Doch
man sollte den Glauben
an dich, Gott, *trotzdem*
nicht verlieren. Amen.

__ *Alexander Munz*

*Herr, eile, mir zu
helfen.*

Papst Paul VI.

Die Spiele, wenn sie im Geist des **Fair Play** ausgetragen werden, leisten einen Beitrag zur brüderlichen *Beziehung* zwischen den Menschen. Das ist ein positiver menschlicher Wert.

_ *Papst Paul VI., 1968 zur UEFA*

Der **Sport** ist keine Randerscheinung, er soll eine **Schule der Bildung** und **des Respekts** sein.

_ *Papst Paul VI., 1974 zum Fußballclub AS Rom*

Bezeugt eure Tugenden nicht nur auf dem Fußballfeld, sondern auch in dem schwierigen und komplexen **Spiel**, das das **Leben** ist.

_ *Papst Paul VI., 1975 zum Fußballclub Fiorentina*

Play&Pray

Ball-Gefühl

Manchmal fühle ich mich wie ein Ball,
getreten, gejagt,
geköpft und verzogen.
Als wäre ich nur wertvoll,
wenn ich im **Tor** lande
und **Punkte** bringe:
abgestoßen, geflankt,
zugespielt und versenkt.
Irgendetwas ist da foul.
Irgendetwas sollte abgepfiffen werden.
Ich sehne mich danach,
dass du, Gott, ins Spiel kommst.
Fröhlich, leidenschaftlich,
motivierend und stark.
Weil du der einzige Spieler bist,
der beim Spielen nicht an sich,
die Mannschaft, den Klassenerhalt
oder den Sieg denkt –
sondern an mich.

_ *Fabian Vogt*

Lieber Gott,

manchmal ist **mein Leben** wie ein Fußballspiel:

Ich renne und bekomme den Ball doch nicht.

Ich glaube, ich bin gut in Form, und schieße doch daneben.

Ich habe mich gut vorbereitet und sitze doch auf der **Ersatzbank**.

Ich habe mich hinreißen lassen und bekomme auch noch die **rote Karte**.

Aber es gibt auch Tage, da stimmt einfach alles, das Timing, die eigene Form, das Team.

Dafür danke ich dir,

in der Gewissheit,

dass **du** mich durch die Tiefen zu den Höhen im Spiel des Lebens **begleitest**.

__ *Andrea Hoffmeier, BDKJ-Bundesvorsitzende*

Lukas Podolski

1. FC Köln

Geburtstag:	04.06.1985
Geburtsort:	Gleiwitz (Polen)
Größe:	180 cm
Gewicht:	81 kg
Bisherige Vereine:	Jugend 07 Berg-heim (1991–1995)
	Jugend 1. FC Köln (1995–2003)

Play&Pray

? *Was macht dich am glücklichsten beim Fußballspielen?*

Alles!

? *Wie hilft dir dein Glaube an Gott als Fußballer?*

Gott glaubt stets an dich, also verliere du auch nie den Glauben an dich.

? *Welche Bibelstelle gefällt dir gut?*

Wir sind **unterschiedlich begabt**, je nachdem, was Gott in uns hineingelegt hat. Nach Römer 12,6

? *Was ist dein Tipp für junge Fußballer?*

Verliere nie den **Spaß am Spiel**.

Sieg oder Niederlage

Meine Mannschaft kann gewinnen,
sie kann verlieren.
Und mit ihr kann ich
gewinnen oder `verlieren`.
Guter Gott, sei du uns nahe
bei jedem *Sieg* und jeder *Niederlage*.

__ *Cornelia Pfeiffer, SRS Pro Sportler*

Kein Ende ohne Überwindung

Weiterspielen

Alle brauchen starken Willen.

Augustinus sagte: „Siege über dich selbst, und die Welt liegt dir zu Füßen."
Der **Sieg** über sich selbst ist der schwerste. Aber er ist auch der wichtigste. In ihm liegt das Geheimnis allen Erfolges begründet. Das gilt auf dem Sportplatz ebenso wie im wirklichen Leben. Wenn uns der sonntägliche Wettkampf zu dieser Einsicht verhilft, haben wir mehr gewonnen als nur drei Punkte. Dieser **Sieg** bleibt uns selbst dann, wenn wir die Punkte verloren haben. Wer über **gesunde Selbstkritik** verfügt, wird niemals nur mit Erfolgen rechnen. Er wird sich sagen, dass ihm der Misserfolg neue Aufgaben stellt. Aus dieser Sicht ist der Misserfolg wertvoller als der **Erfolg**, der uns manchmal dazu verleitet, unsere Schwächen nicht mehr zu sehen, obwohl sie vorhanden sind.

__ *Eberhard Woll*

Das Wunder von Bern

Bern.
Ganz überraschend.
Niemand hatte es
für möglich gehalten.
Alles ändert sich.
Nichts ist mehr,
wie es war.
Als ob die Zeit stehen bliebe.
Worte, die in Erinnerung bleiben:
Tor. Tor. Tooor!!

**Wunder von Bern
geschehen immer wieder.
Wunder von München.
Wunder von Berlin.
Wunder von Jerusalem.
Wunder in mir.**

__ *Marcus C. Leitschuh*

Heute habe ich mich
wie ein Fußball ge-
fühlt,
ich bin hin und her
gerollt,
ich wurde von allen
Seiten getreten
und ins Abseits ge-
schossen.

__ Mike Mientus

_ Psalm 130,2

Herr, höre meine Stimme!
Wende dein Ohr mir zu,
achte auf mein lautes
Flehen.

Elfmeter

Der Elfmeter ist eine große **Chance**, die man nutzen sollte. „Elfmeter" gibt es auch im echten Leben. Wenn man sie vergibt, kann es schnell gefährlich werden. Hilf uns, unseren „Elfmeter" zu **verwandeln**!

_ Freddy Ricken

_ Psalm 119,149

Belebe mich, Herr.

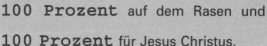
100 Prozent auf dem Rasen und

100 Prozent für Jesus Christus.

__ *Lebensmotto des brasilianischen Torjägers*
Cacau

Abpfiff

29. April 1999! Bei Manuel, meinem 13-jährigen Bruder, wurde Leukämie diagnostiziert. Jetzt gehörten Chemotherapie, Übelkeit, Erbrechen, Blutentnahmen, Knochenmark- und Rückenmarkpunktionen zu seinem Alltag. Wir, seine Familie, haben mit ihm *gebangt* und *gehofft* und waren so *dankbar*, als die Nachricht kam: Du bist gesund! Im Juli 2002 wurden wieder Leukämiezellen festgestellt; jetzt war eine Bestrahlung von Kopf und Rückenmark notwendig. Auch diese Behandlung war erfolgreich. Alles war *in Ordnung*! Im November 2003 kam die erschütternde Nachricht: wieder Leukämiezellen! Jetzt brauchte Manuel eine Knochenmarktransplantation, um überleben zu können. Es war ein *Schock*! Wir konnten Gottes Handeln nicht verstehen, aber versuchten, es zu akzeptieren. Alles verlief *perfekt*! Die Ärzte waren *begeistert*, wie gut der Spender passte! Manuel wurde nach drei Monaten Krankenhausaufenthalt Ende Juni 2004 entlassen. Er fühlte sich besser, obwohl die Blutwerte noch nicht im Normalbereich waren. Im September empfahlen

die Ärzte, noch eine Knochenmark-
punktion durchzuführen. Wieder
Krebszellen! Jetzt war keine medizi-
nische Hilfe mehr möglich. Wenn
Gott Manuel nicht heilen würde,
musste er bald sterben. Wir waren
geschockt! War alles umsonst ge-
wesen? Wir hatten so viel gebetet,
gehofft, geglaubt! Wir beteten um
Kraft für die kommende Zeit. Manuel sagte: „Wenn **Gott** meinem
Leben ein Ende setzt, bin ich bereit
zu gehen, ihr sollt nicht traurig sein,
denn ich gehe euch nur ein Stück
voraus, zu Jesus, nach Hause in den
Himmel." Im Januar 2005 ging es
Manuel immer schlechter, er wurde
am 29.1. von Jesus abgeholt, nach
Hause in die Herrlichkeit. Seine letzten Worte waren: „Jetzt bin ich
gleich bei Jesus." Am 3. Februar,
seinem 19. Geburtstag, wurde er be-
erdigt. Für Manuel war es der Abpfiff auf der Erde, aber der Anpfiff
in Gottes *Herrlichkeit*!

__ *Katharina Isenburg, 16 Jahre*

Play&Pray

Stoßgebet

Manchmal sitzt man fest. Es geht *nicht mehr weiter*. Gründe gibt es viele dafür: Die Kraft ist zu Ende. Der Ärger ist zu groß. Die Aussichten auf Erfolg sind zu gering.

Der **Anstoß** nach einem Tor. Der erste **Kick** in der zweiten Halbzeit. Der Freistoß nach einem Foul. Der Anstoß hat es in sich. Ein **Kick** – und es geht los. **Der Ball läuft. Das Spiel hat begonnen.**

Stoßgebete können das auch. Wenn einem nichts mehr einfällt, bringen sie einen weiter. Es sind ganz kurze Gebetsworte. Man sagt sie einmal. Man sagt sie mehrmals. Man flüstert sie. Man schreit sie raus. Mittendrin stößt **Gott** dazu. Und **das Leben geht weiter**.

_ *Bruder Paulus Terwitte*

Immer bin ich im *Gespräch mit Gott*. Ich vertraue ihm, dass mein Leben in seinem **Sinn** verläuft. Ich habe mir ***geschworen***, niemals einen Fußballverein über Gott zu stellen.

__ *Zé Roberto*

Fair play

"Ohne Rücksicht auf Verluste!"
Das ist spielentscheidend!
Gib alles!
Zeig allen,
was in dir steckt!
Das sind DEINE 90 Minuten
auf dem Platz!
Jetzt kannst du dich dir und
den anderen beweisen!

Stimmt das wirklich?
Ist das unsere Leitlinie?
"Ohne Rücksicht auf Verluste?"
Sich durchkämpfen,
alles um sich herum vergessen,
hin und wieder ein Foul riskieren?

NEIN!
Ich halte dagegen: *„Fair play!"*
Und das nicht nur im Fußball!

_ *Steffen Flicker*

FAIR GEHT VOR KEINE MACHT DEN DROGEN

Abpfiff

Das Spiel kann nach einem schönen oder einem schlechten Spielverlauf abgepfiffen werden und mit einem Sieg oder einer Niederlage enden. Aber nach dem Abpfiff folgen weitere Spiele.

So ist das auch bei den Menschen. Nach dem Abpfiff des **Lebens**, dem **Tod**, gibt uns Jesus noch Hoffnung auf ein **Leben nach dem Tod**.

_ *Niklas Distelkamp*

Werner Thissen
Erzbischof von Hamburg

? *Was ist für Sie ein Foul im Alltag?*

Wenn einer nur sich selbst sieht und nicht abspielt.

? *Wo hilft Ihnen Ihr Glaube an Gott im Leben?*

Überall, sonst wäre ich ja wie ein Fußballspieler, der noch nie auf dem Rasen stand.

? *Welche Bibelstelle ist Ihnen wichtig?*

„In Christus sind wir neue Schöpfung" (vgl. 2 Korinther 5,17). Mit Christus kann ich immer wieder neu anfangen, auch nach einer Niederlage.

? *Was begeistert Sie am Fußball?*

Dass es auf gutes **Zusammenspiel** ankommt und sowohl der **Einzelne** als auch die **Gemeinschaft** wichtig sind.

Verlängerung

Eine „**Verlängerung**" gibt es auch für das wahre Leben: das Leben nach dem *Tod*. Für viele Menschen ist mit ihrem *Sterben* alles zu Ende. Für denjenigen, der an Gott glaubt, fängt das Leben nach dem **Tod** und damit die **Ewigkeit** erst an.

Durch seinen Tod am Kreuz und seine **Auferstehung** hat Christus den Tod besiegt. Mit der „Verlängerung" beginnt das wahre, das ewige **Leben**.

__ *Markus Wittlings*

Ins Abseits gestellt

Abseits. Ins Abseits gestellt. Abseits vom Geschehen. Im Fußball nennt man es Abseits, wenn man zu weit gelaufen ist, doch im richtigen Leben **gerät** man ins Abseits, wenn man stehen bleibt. Beim Fußball bekommt man nach einem Abseits den Ball **abgenommen**; als Mensch im Abseits des wirklichen Lebens **verliert** man einen Teil von sich. Zwar können andere uns ins Abseits stellen, es liegt aber *an jedem selbst*, sich wieder aus dem Abseits hinauszumanövrieren.

__ *Michael Rütten*

Play&Pray

Ich versuche, **so oft wie möglich** in die Kirche zu gehen, zumindest um mal eine **Kerze** anzuzünden …

__ *Christoph Metzelder*

_ Nach
Matthäus 19,19

*Liebe deinen
Nächsten wie
dich selbst.*

Nach dem Abpfiff

Danke fürs Spiel.

Danke für die Zuschauer.

Danke für die Freunde.

Aus allem gib Kraft.

Fürs nächste.

__ *Georg Behlau*
Leiter des Büros der
Nationalmannschaft

Er bringt Ruhe ins Spiel

Als ich diese Jesusstatue, die im Fuldaer Priesterseminar steht, zum ersten Mal sah, musste ich unwillkürlich an einen Fußballtorwart denken. Körperhaltung und Körpersprache legen diesen Vergleich nahe. Sie erinnern an einen Torwart, der Gelassenheit und Ruhe aus-

strahlt. **Er hält den Ball sicher in seinen Händen**, und mit der Geste der anderen Hand scheint er seinen Mitspielern zu signalisieren: *Macht langsam, immer mit der Ruhe, ich habe die Situation im Griff, lasst uns ruhig aufbauen.*

Gerade in hektischen Spielmomenten oder wenn das Spiel auf des Messers Schneide steht, gibt ein gelassener, ruhiger und sicherer Torwart seiner Mannschaft einen enormen *Rückhalt*, und sie gewinnt an *Sicherheit*.

Mich beruhigt dieses Bild und ich spüre, dass darin eine **Botschaft** liegt, die mich viele Momente meines Lebens anders angehen lässt. Denn es ist kein Spielball, den Jesus in den Händen hält, sondern die Welt, meinen Lebensraum.
Bei allem, was passiert, was sich ändert, ist es **gut zu wissen, dass Gott selbst die Welt in den Händen hält**.

__ *Pfarrer Michael Kühn*
   Leiter der Arbeitsstelle
   für Jugendseelsorge
   der Deutschen Bischofs-
   konferenz

Kein Ende ohne Überwindung

Play&Pray

Alles, was ich tue und tun kann, habe ich Gott zu verdanken.

Er ist der einzige Schiedsrichter, der bestimmt, was passiert.

Ich danke ihm für

das Fußballspiel „LEBEN".

__ *Philipp von Urach*

Kein Sieg ohne Solidarität

Fanclub

Alle brauchen Freunde.

Wenn du ein Fan bist ...

Lieber Gott, ich weiß nicht, ob du ein Fußball**fan** bist. Aber ich hoffe das jetzt mal. Denn ich möchte dich um etwas bitten. Bitte

schenke uns gute Spiele. Die **beste** Mannschaft soll gewinnen, mit **tollen** Spielzügen und **erstklassigen** Toren.

Herr, ich verlasse mich auf dich als großen, gnädigen **Schiedsrichter**. Lass uns auf der Welt fair miteinander umgehen, nicht nur im Fußball.

__ *Werner Thissen*
Erzbischof von Hamburg

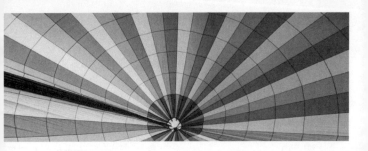

Wenn wir unsere Vereinsfahnen schwingen
Lass uns auch zu Dir **bekennen**

Wenn wir die Spieler lautstark begrüßen
Lass uns Deinen Namen **nicht vergessen**

Wenn unsere Fangesänge ertönen
Lass uns auch Dir ein Loblied **singen**

Wenn der Torschrei durchs Stadion schallt
Lass auch Dir ein Gloria **erklingen**

Wenn andere den Fußballgott anbeten
Lass uns den wahren **Gott bejubeln**

__ *Klaus Vellguth*

Das Geld wird einmal aufhören, der Ruhm wird allzu schnell in Vergessenheit geraten, aber **Gott ist anders!**

__ *Zé Roberto*

Liturgie im Fußballstadion

Schon lange vor dem Anpfiff tönt aus den Kehlen der Fans ein Introitus: Gesänge, in denen die eigene Mannschaft gepriesen wird. Wenn der Stadionsprecher die Spieleraufstellung verkündet, akklamieren die Zuschauer huldvoll wie beim Kyrie die Nachnamen ihrer geliebten Ballzauberer. Die Jubelgesänge von vielen tausend stimmgewaltigen Fans erinnern an ein Gloria. Auch Halleluja-Gesänge haben längst in den Stadion-Hymnen

Einzug gehalten. Das ehrfurchtsvoll geforderte Vereinsbekenntnis „Steh auf, wenn du ein ... bist!" ist an die Stelle eines Glaubensbekenntnisses gerückt. Die Fans von Schalke 04 setzen diese Kicker-Liturgie noch fort, indem sie ihr Fan-Magazin „Schalke unser" genannt haben. Und spätestens, wenn die Fangemeinde sich nach dem Torerfolg ihrer Mannschaft freudetaumelnd in den Armen liegt, scheint der communio-Gedanke des christlichen Abendmahls im Stadion Einzug zu halten.

Trotz aller Parallelen zwischen christlicher Liturgie und Fankult bleibt doch ein entscheidender Unterschied: Unten im Stadion laufen zwar millionenschwere Kicker auf, doch sie bleiben Menschen wie du und ich. In der Liturgie hingegen rückt **Christus** in den Mittelpunkt. Seine heilvolle Gegenwart wird gefeiert. Wer sich darauf einlässt, geht nach dem Gottesdienst auf jeden Fall als *Sieger* vom Platz.

__ *Klaus Vellguth*

Ein verloren geglaubter Stürmer

Mein Leben lang **spiel ich** schon im Verein,
wollte immer der Schnellste und Beste sein –
so glaubte ich jedenfalls …
Teamgeist nicht, Alleingang führte mich zum Ziel,
es liebten mich **alle**, weil ich besonders auffiel –
so glaubte ich jedenfalls …

Familie, Freunde, wer braucht das schon?
Er kostet eben viel, der Siegerthron –
so glaubte ich jedenfalls …
Der große Tag, ein Sieg war nah,
doch plötzlich nichts mehr wunderbar …
Jemand teilte mein Gedankengut,
ich bekam die **Rechnung** für meinen Übermut.
Prompt kam ich ins Krankenhaus,
mit Fußball spielen war es aus.
Wer war da und liebte mich?
Meine Fans ganz sicher nicht!
Kein Besuch für einen Kranken,
mein Weltbild geriet ins Wanken.

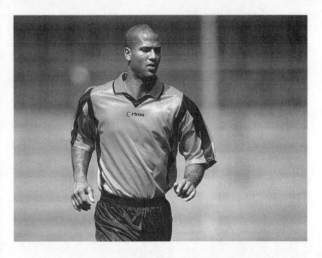

Ich hab **mich selbst** ins Abseits
manövriert
und nicht bemerkt, was man dabei verliert –
jetzt weiß ich es …
Hoch **gepokert** und **viel gesetzt**,
alles verloren und jeden verletzt –
jetzt weiß ich es …
Ich hab geschafft, was unmöglich erschien,
alle haben mir verzieh'n.
Durch Liebe, Treue, Gemeinsamkeit,
bringt man es im Leben wirklich **weit!**

___ *Jennifer Gröper, Sandra Spönemann*

_ Nach 1. Buch
Samuel 16,7

*Der Mensch sieht auf
den äußeren Schein,
Gott aber sieht auf
das Herz.*

Hartes Profigeschäft

Mich beeindruckt immer wieder, wie viel **Mitleid Jesus** mit Leuten hatte, die an den **Rand gedrängt** wurden. Erhalte mir einen Blick für sie. Für mich ist es wichtig, dass auch ich es schaffe, im harten Profigeschäft *mitfühlend zu bleiben.*

__ *Oliver Bierhoff*
  Profifußballer in Deutschland, Österreich, Italien und Frankreich; 70facher deutscher Nationalspieler; Manager der deutschen Fußballnationalmannschaft

Teamgeist

Es gibt einiges, was ich in meiner Familie
nicht in Ordnung finde
und anders machen würde!
Trotzdem stehe ich zu ihr und liebe sie …
… denn der Familiengeist steckt auch in mir.

Es gibt einiges, was ich in meinem Sport-
verein
nicht in Ordnung finde
und anders machen würde!
Trotzdem stehe ich zu ihm, liebe die Gemeinschaft und halte zu meinen Kameraden …
… denn der Sportsgeist steckt auch in mir.

Es gibt einiges, was ich in meinem Land **nicht in Ordnung** finde
und anders machen würde!

Trotzdem stehe ich zu ihm, schätze die Kultur, die Anliegen, die Möglichkeiten und die Mitbürger …

… denn davon steckt auch ein Teil in mir.

Es gibt einiges, was ich in meiner Kirche **nicht in Ordnung** finde
und anders machen würde!

Trotzdem stehe ich zu ihr und mag die Mitchristen, die d i e s e W e l t besser machen wollen, so, wie Gott sie haben möchte …

… denn der Geist dieser Kirche wirkt auch in mir.

_ *Josef Groesdonk*

Jubel

Sonntag, 07.07.1974 – Franz Beckenbauer reckt einen Kelch gen Himmel – Deutschland jubelt!

Sonntag, 04.07.2004 – Ein Pfarrer reckt einen Kelch gen Himmel – niemand jubelt!

Warum?

_ *Linda Spindeler*

Gott ist der beste „Hüter" der Welt. **Du bist besser als jeder andere** Torwart. Ich glaube daran, dass bei dir kein einziger Ball ins Tor fliegt. Selbst den härtesten Schuss kannst du halten. **Denn für dich ist nichts unmöglich.** Denn du bist Gott!

___ *Daniel Boje*

_ *Psalm 119,116*

Stütze mich, damit ich lebe.

Das Wunder von Bern

Der 4. Juli 1954 – **„das Wunder von Bern"**. Ohne die geringste Chance auf den Sieg trifft die deutsche Nationalmannschaft im Finale der Weltmeisterschaft auf das ungarische Team, das als unschlagbar gilt. Bereits in den ersten Minuten scheint das Spiel entschieden, als die Deutschen zwei Tore kassieren. Ihre Fans im Stadion feuern die Mannschaft weiter an, auch wenn sie mit dem zweiten Platz zufrieden sind. An einen Sieg glauben sie nicht. Es ist umso erstaunlicher, als Morlock das 2:1 schießt und Rahn kurz darauf den Ausgleichstreffer erzielt. Das Blatt hat sich gewendet, in Deutschland sitzen die Menschen vor den Radioapparaten und **hoffen, bangen, fiebern**. Die Euphorie beim entscheidenden Siegestreffer durch Rahn in den letzten Minuten ist kaum vorstellbar. Das Spiel ist gewonnen, Deutschland ist **_Weltmeister!_** Zum ersten Mal! **_Freudentränen_** auf jedem Gesicht! Es geht um weit mehr als um einen Sieg. Es geht um einen Schritt in der Wiederherstellung eines gesunden Nationalbewusstseins nach der dunklen Vergangenheit. Zum ersten Mal kann man wieder stolz auf sein Vaterland sein und den Blick hoffnungsvoll **nach vorn** richten.

Ein anderes Ereignis, viele Jahre vorher, verändert die ganze Menschheit: **„das Wunder von Betlehem"**. Es gibt den Menschen nicht nur Zuversicht für das Hier und Jetzt, sondern auch für ein Leben nach dem Tod. Da nimmt jemand den Kampf gegen den Tod auf, der noch nie besiegt worden ist. Das Unglaubliche geschieht: Dieser Jesus steht von den Toten auf. Die Nachricht verbreitet sich überall. Die Welt soll *erfahren*, was *geschehen* ist: Die Schuld der Menschheit ist besiegt, die Verbindung zu Gott *wiederhergestellt*.

Das „Wunder von Bern" ist nur noch Geschichte, das „Wunder von Betlehem" ist mehr – es bedeutet **Gegenwart und Zukunft**.

_ *Sarah-Marie Dold, Anais Matutis*

Papst Johannes Paul II.

Euer Beruf, der so viel Einsatz und Vorbereitung erfordert und der so sehr von der Masse **geschätzt** wird, ermutige euch und eure Kollegen, außer **Champions** im Sport auch **würdige** Champions im Leben zu sein, die **fähig** sind, sich durch Werte, die den Menschen **menschlicher** machen, auszuzeichnen.

_ *Papst Johannes Paul II., 1983 zum Fußballclub AS Rom*

Seid besonders
für die jungen
Menschen *„Meister"* des
Lebens, besondere Vorbilder,
an denen sie ihre eigenen
Vorstellungen ausrichten.

___ *Papst Johannes Paul II., 1991*
zum Fußballclub Inter Mailand

Eine **Weltmeisterschaft** wie diese ist nicht nur eine Gelegenheit zu sportlichen Begegnungen auf höchstem Niveau. Sie kann auch ein großes **Fest der Verständigung, Solidarität** und **Freundschaft** zwischen Personen sein, die sowohl die Begegnungen in den Stadien wie auch durch die Medien verfolgen.

_ *Papst Johannes Paul II., 1990 zu den Schiedsrichtern der Fußballweltmeisterschaft*

Sei unser Mannschaftskapitän

Lieber Gott, gestern habe ich wieder Fußball gespielt. Leider hat meine Mannschaft verloren. Aber **wir haben gekämpft**, genau wie man im L e b e n kämpfen muss. Genau wie im Fußball muss man auch im wirklichen Leben **stürmen und verteidigen**. Sei unser Mannschaftskapitän. Amen.

__ *Kristian Reif*

_ Psalm 145,2

*Ich will dich preisen
Tag für Tag.*

Kein Genuss ohne Grenzen

Spielregeln

Alle brauchen eine Richtschnur.

Herr, gib uns Augen,

die den Mitspieler sehen.

Ohren, die ihn hören und ihn verstehen.

Hände, die es lernen, wie man hält und teilt.

Füße, die **n i c h t   z ö g e r n** ,

wenn der Schuss eilt.

Körper, die nicht schwitzen,

wenn die Hitze streift.

Trikots, die gut sitzen,

wenn der Wind pfeift.

Herr, wir danken für alle Gaben,

hilf uns, **w a c h s a m** zu sein,

und zeig uns,

dass wir **den Ball teilen** müssen.

__ *Moritz Barnick, Paul Gößling*

Schiedsrichter

Der Schiedsrichter im Sport steht für mehr als „nur" die Leitung eines Spiels. Er steht auch für die Bedeutung des Vertrauens in unserer Gesellschaft. Ohne **Vertrauen** kommen wir nicht aus. Wird es missbraucht, so muss das Konsequenzen haben. Manche fordern eine möglichst **100 %**-Überwachung des Spiels mit Hilfe modernster Technik. Doch das sollte man sich gut überlegen. Technik kann hier und da sicher eine gute und sinnvolle Ergänzung sein. Aber sollten wir ihr alles überlassen, weil wir nur ihr noch trauen? **Wir würden uns nicht mehr trauen, einander zu vertrauen ...**

_ *Pfarrer Hans-Gerd Schütt, Bundesbeirat des katholischen Sportverbandes DJK, Sportbeauftragter der Deutschen Bischofskonferenz*

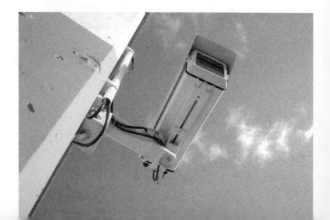

Ich weiß, **was ich an Gott habe** und dass ich mich immer an ihn wenden kann, wenn es Probleme gibt.

_ *Gerald Asamoah*

Großes hat der Herr an uns getan.
Psalm 126,3

Gewinnen und verlieren

Gott, bei einem Fußballturnier kann man **nicht immer** gewinnen, es geht nicht nur um den **Gewinn**, man muss auch einmal verlieren können.

Gott,
sei du
unser **Kapitän**
und unser
Schiedsrichter.
Pass auf uns auf,
dass wir auch
zu unseren Gegnern
freundlich sind,
wenn sie uns besiegen.

__ *Rebecca Falke, Jenny Nguyen, Olivia Juskowski*

**spiel-partner
nicht
spiel-gegner**

um das spiel allein
geht es nicht
wir brauchen sie
die andere mannschaft
um
kraft und lust
können und geschicklichkeit
in spiel zu setzen
der bessere
mit dem glücklicheren spiel
möge **heute** gewinnen
und **morgen**
neues spiel
neues glück

_ *Fredi Bernatz*

Ludwig Schick
Erzbischof von Bamberg

? *Was ist für Sie ein Foul im Alltag?*

Ein Foul im Alltag ist, wenn jemand um der eigenen Vorteile willen andere behindert, verletzt oder zu Fall bringt.

? *Wo hilft Ihnen Ihr Glaube an Gott im Leben?*

Der Glaube an Gott ist eine ständige Hilfe in meinem Leben. **Er schenkt mir Hoffnung, Vertrauen und Zuversicht, dass mein eigenes Leben und das der ganzen Menschheit gelingt und letztlich gut wird.** Der Glaube lässt mich auf die Stimme Gottes in meinem Gewissen hören, der mir das Gute zu tun aufträgt und mich vor dem Bösen bewahrt. Der Glaube an Gott lässt mich alle Menschen als Kinder Gottes und damit als meine Schwestern und Brüder erkennen und so mit ihnen leben. Der Glaube lehrt mich, den Tod als Pforte zum ewigen Leben zu sehen.

❓ *Was begeistert Sie am Fußball?*

„Gute Fußballspiele" begeistern mich. Gut ist ein Fußballspiel, wenn alle Spieler **ihr Bestes** geben, wenn die Schiedsrichter aufmerksam sind und das Spiel gerecht leiten, wenn die Zuschauer sich gesittet und fair verhalten.

„Schlecht" ist für mich ein Spiel dann, wenn gefoult wird, die Spieler nur **egoistisch** in Alleingängen Tore machen wollen, der Schiedsrichter **unaufmerksam** oder **parteiisch** ist und dadurch das Spiel **chaotisch** wird und wenn Zuschauer sich in **Wort und Tat** daneben benehmen.

❓ *Welche Bibelstelle ist Ihnen wichtig?*

Meine Lieblingsstelle in der Bibel ist im Johannesevangelium zu finden. Jesus sagt von sich: **„Ich bin gekommen, damit sie das Leben haben und es in Fülle haben"** (Johannes 10,10).

Kannst du jubeln?

Gott, wenn du siehst, was wir auf Erden machen ... **Kannst du im Himmel eigentlich jubeln?**

Jubeln kannst du nicht, wenn du siehst, dass ...

- jemand Hunger leidet
- einer von uns traurig ist
- jemand seine Mutter verliert und allein am Grab stehen muss
- einer von uns den anderen auslacht
- jemand krank ist und keiner ihm die Hausaufgaben vorbeibringt.

Aber **jubeln kannst du**, wenn du siehst,
dass ...

- keiner von uns im Sportunterricht ausge-
  lacht wird
- jemand fröhlich lacht
- keiner von uns eine Streiterei anfängt
- jemand den anderen tröstet und hilft
- keiner von uns den anderen fertig macht
- jemand neue Freunde in der Klasse findet
- keiner von uns alleine ist.

Gott, wie jubelt man eigent-
lich im Himmel?

___ *Klasse 6b der Adalbert-Stifter-Realschule,
Heidenheim/Brenz*

Mein Leben

Fußball – ist mein Leben!
Nein, Fußball ist nur ein Teil meines Lebens.

Du, Jesus, hast gesagt:

„Ich bin der Weg,

die Wahrheit und das Leben."

Jesus – ist **mein Leben!**

_ *Cornelia Pfeiffer,*
SRS Pro Sportler

_ Jeremia 12,3

Du, Herr, kennst
und durchschaust
mich.

Richtige Entscheidungen

Sie gehören zu einem Fußballspiel. Sie spielen nicht mit. Oft werden sie sogar beschimpft. Aber sie sind ***immer dabei***, der Schiedsrichter, seine beiden Linienrichter. Und bei der WM sogar ein 4. Mann an der Linie.

Ich möchte für alle Schiedsrichter bitten, schenke ihnen ein gutes und gerechtes Urteilsvermögen, Entscheidungsfreudigkeit, Konzentration, Weisheit, **Ausdauer** und den richtigen Blick. Lass sie die richtigen Entscheidungen treffen und umsetzen. Sei du ihnen *nahe* während dieser Tage und lass sie dem Druck, dem sie ausgesetzt sind, **standhalten**.

__ *Cornelia Pfeiffer, SRS Pro Sportler*

Super-WM für alle

Die Mehrheit der Menschen wird im „Abseits" geboren. Ihr Lebenslauf ermöglicht ihnen fast **keine Gelegenheit**, ein Tor zu schießen. Sie leiden an Hunger und  Krankheit und unter der Geisel des Krieges. Eine *„Super-WM"* wäre, wenn die ganze Erdbevölkerung in einer „Elf" ohne Not und Leid spielen könnte.

__ *Michael Oszfolk*

Einen Fußball für jedes Kind

Lieber Gott, es gibt Kinder auf der Welt, die sehr gerne Fußball spielen wollen, aber sich keine Bälle leisten können. Gott, hilf auch den Kindern auf der Welt, die **kein Geld** haben, sich einen Fußball zu kaufen, ihre *Träume* zu **verwirklichen**. Amen.

_ *Paul Spohrer*

_ Psalm 119,114

Du bist mein Schutz und mein Schild.

Delron Buckley

Borussia Dortmund

Geburtstag:	07.12.1977
Geburtsort:	Durban (Südafrika)
Größe:	177 cm
Gewicht:	78 kg
Bisherige Vereine:	Butcherville Rovers, VfL Bochum, DSC Arminia Bielefeld

Play&Pray

? *Was macht dich am glücklichsten beim Fußballspielen?*

Tore zu schießen und **Erfolg** zu haben.

? *Wie hilft dir dein Glaube an Gott als Fußballer?*

Gott gibt mir die Kraft, dass ich immer wieder weiterkomme und nie den Glauben an mich verliere.

? *Welche Bibelstelle gefällt dir gut?*

Der Herr ist die Kraft meines Lebens: Wovor
sollte ich Angst haben?
Nach Psalm 27,1

? *Was ist dein Tipp für junge Fußballer?*

Nie den Glauben an Gott zu verlieren.
Gott wird dir helfen, deine Ziele zu verwirklichen.

Unparteiisch

Als ich entdeckte,
dass Gott
in beiden
Fankurven
sitzt,
wurde ich gelassener.

_ *Fabian Vogt*

_ *Psalm 119,142*

*Deine Weisung ist
Wahrheit.*

Weltweit werden 300.000 Kindersoldaten in bewaffneten Konflikten zum Töten gezwungen. Sie sind Täter und Opfer zugleich. Dort, wo die Politik versagt, ist es oft die Kirche, die sich für die Menschenrechte und den Schutz der Schwächeren einsetzt.

Wir dürfen nicht schweigen, wenn skrupellose Kriegsherren aus Kindern Killern machen.

Stellvertretend für 300.000 Kindersoldaten weltweit steht der 15-jährige Kindersoldat Geoffry Okot aus Uganda, der Zuflucht in einem kirchlichen Hilfsprojekt fand. **Er geht heute wieder zur Schule und spielt Fußball.** Dass er heute kein Todesschütze mehr ist, sondern als Torschütze jubeln kann, hat er dem Programm zur „Rehabilitation und sozialen Integration traumatisierter Kindersoldaten" der Erzdiözese Gulu in Uganda zu verdanken.

„Auf Tore schießen statt auf Menschen" lautet das Motto der Aktion Volltreffer. Denn 300.000 Kindersoldaten haben keinen größeren Wunsch, als diesen Traum im Alltag zu leben.

Angesichts der Weltmeisterschaft 2006 in Deutschland kann das Fußballspielen ein verbindendes Element sein. Fußball ermöglicht, Selbstvertrauen zu gewinnen, Fairness zu erfahren, aber auch Frustrationen abzubauen.

Mitmach-Aktionen

Die Kampagne hat das Ziel, Kinder und Jugendliche, die in kriegerischen Konflikten aufwachsen müssen, zu unterstützen.

 | 135

Damit andere ehemalige Kindersoldaten auch so jubeln können, braucht es deine Unterstützung und dein Engagement.

Aktion Torwandschießen

In der Therapie für ehemalige Kindersoldaten spielt Sport, insbesondere Fußball, eine wichtige Rolle. Mit der „Aktion Torwandschießen" könnt ihr Fußball spielend ehemaligen Kindersoldaten helfen.

Stellt eine Torwand auf und verlangt zum Beispiel einen Euro für sechs Benefizschüsse.

Aktion Hoffnungszeichen

(Ehemalige) Kindersoldaten brauchen Menschen, die sich für ihre Probleme einsetzen. Mit der Aktion **„Hoffnungszeichen"** werden Erwachsene und Jugendliche angeregt, globale Verantwortung zu übernehmen und dafür in der Öffentlichkeit ein Zeichen zu setzen.

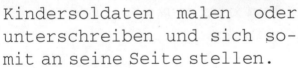

Auf eine vorgedruckte Aktions-Postkarte kann sich jede/r neben das Bild eines Kindersoldaten malen oder unterschreiben und sich somit an seine Seite stellen. Ein toller Aktionsabschluss ist die „Verschickung" der Postkarte mit Gas-Luftballons.

Elfer rein:
Das Online-Spiel mit Andy Köpke

Klicken, kicken und gewinnen!

Unter **www.volltreffer.de** sollen beim On-line-Spiel möglichst viele Elfer versenkt wer-den. Aber Achtung: *Der Gegner im Tor heißt Andy Köpke.*

Kick off für das Spiel ist im Septem-ber 2005. In den Folgemonaten werden unter den Teilnehmern monatlich zwei Gewin-ner ausgelost: Der **Gewinn** ist ein **Er-lebnistag** mit Andy Köpke in Nürnberg.

Also: einloggen, mitmachen und gewinnen!

Aktion
VOLL TREFFER

...RIEG MIT KINDERN

sio

FIAT

Materialen können bestellt werden
unter: www.volltreffer.de

Herrlich, wenn einer den Ball **stoppen** kann.
Für einen Moment bremsen alle ab.
Eine kurze Orientierung:
Wie geht es jetzt weiter?
Wer ist jetzt dran?
… und das Spiel nimmt
einen **neuen Verlauf**.

__ Bruder Paulus Terwitte_

Wer den Ehrenkodex von **respect** akzeptiert,
übernimmt die **Verantwortung** für einen fairen Umgang auch außerhalb des
Spielfeldes.

__ Westdeutscher Fußball-
und Leichtathletikverband
www.wflv.de_

Fußball ist mehr als ein 1:0

__ Egidius Braun

Egidius Braun war von 1992–2001 Präsident des deutschen Fußball-Bundes. Gemäß seinem Lebensmotto „Fußball ist mehr als ein 1:0" hat er die **soziale Komponente des Fußballs** in den Mittelpunkt seiner Tätigkeit gestellt. 2001 würdigte der Deutsche Fußball-Bund das Lebenswerk seines Präsidenten mit der Gründung der **DFB-Stiftung Egidius Braun für Soziale Integration, Kinder in Not und Mexiko-Hilfe.**

Weitere Informationen sind zu finden unter:
www.dfb-stiftung-egidius-braun.de

Von jedem verkauften Exemplar dieses Buches gehen 50 Cent an die Egidius-Braun-Stiftung.

konkret

Play&Pray

Quellennachweise

Bilder:

Umschlag, 13, 15, 47, 49, 69, 70, 71, 89 (unten), 101, 141: DFB

Seite 1 u. a. (kleine Abbildungen), 17, 75, 92, 104, 108, 114: Verlagsarchiv

Seite 5 (oben), 6 (oben), 9, 20, 21, 22, 25, 52, 61, 65, 66, 76, 117: aus: DFB-Talentförderung, Info-Abend 1, Torschusstraining, Philippka Sportverlag, Münster

Seite 5 (unten), 31, 55, 115, 120: MEV

Seite 7: Pressestelle Bistum Osnabrück

Seite 10, 26, 39, 44, 56, 62, 72, 86, 99, 105, 106f, 116, 122: Mit freundlicher Genehmigung: Sport-Thieme, Grasleben

Seite 11 (oben): ddp-Archiv/Michael Kappeler

Seite 11 (unten): DJK

Seite 20 (oben): EKD

Seite 23, 119: Getty Images

Seite 27: Caro/Haefele

Seite 28, 123: Lothar Nahler

Seite 29, 45, 82, 83, 94, 124, 126 (unten): Jörg Rose

Seite 30, 60, 67, 80, 85, 87, 102f, 132: Michael Rütten

Seite 35: ddp-Sport-Archiv/Jochen Luebke

Seite 36, 133–139: missio, Aachen

Seite 37, 64: Willi Rolfes

Seite 38: Mit freundlicher Genehmigung: medienfabrik Gütersloh GmbH, Gütersloh

Seite 41, 58: panthermedia.net

Seite 43: Christoph Klemp
Seite 53: Markus Fleischer
Seite 57: Team2
Seite 63, 81: BXP
Seite 77: avanti/Ralf Poller
Seite 84: Ralf Adloff
Seite 88, 129, 131: BVB
Seite 89 (oben), 96, 97, 111: Stephan Roscher
Seite 90, 91: Pfarrer Michael Kühn
Seite 95: ddp-Sport News/Oliver Lang
Seite 100: Bernd Tuchen
Seite 109: M.i.S./Bernd Feil
Seite 118: KNA-Bild
Seite 121: Walter Meding
Seite 126 (oben): Rüdiger Göbel
Seite 127: Peter Wirtz
Seite 130: BVB/Luftbild Laubner
Seite 140: www.wflv.de

Texte:

Seite 36, 58, 60, 61, 76, 83, 86, 87, 92, 113: Die Texte auf diesen Seiten wurden verfasst von Schülerinnen und Schülern des Collegium Augustinianum Gaesdonck, Goch (www.gaesdonck.de), unter ihrem Lehrer Peter Verhaelen.